54
Lb 1585.

ÉTUDES

sur les

MOYENS DE PROCURER LA VIE A BON MARCHÉ.

ÉTUDES

SUR LES

MOYENS DE PROCURER LA VIE A BON MARCHÉ

Par M. MANÈS.

BORDEAUX,

CHEZ HENRY FAYE, IMPRIMEUR ET LITHOGRAPHE,

rue Sainte—Catherine, 139.

1849

ÉTUDES

SUR LES

moyens de procurer la vie à bon marché.

—

Un journal philosophique et littéraire, le *Semeur,*
contenait, il y a quelques années, au sujet de la ra-
reté et de la cherté des subsistances, les justes ré-
flexions que voici :

« C'est une chose tout ensemble étonnante et dé-
plorable que la science sociale soit encore si en ar-
rière de ce qu'elle devrait être, et que depuis plusieurs milliers d'années qu'il existe des sociétés hu-
maines, le bien-être des masses soit resté livré à une
sorte de hasard. Il est digne de remarque que les gou-
vernements, sur d'autres objets, ne se laissent pas
prendre au dépourvu; ils savent, et de très-loin, se
préparer à la guerre; ils prévoient les catastrophes
qui peuvent frapper les financiers, les manufacturiers
et l'industriel, et trouvent le moyen d'y subvenir dans
une certaine mesure; mais le pain du pauvre, mais le

bon marché des premières nécessités de la vie, sont abandonnées aux chances incertaines de l'avenir, et on ne s'en occupe sérieusement que dans les moments de crise, qu'alors que la misère sévissant avec le plus de rigueur, il s'établit des luttes qui menacent la société d'une désorganisation complète. Pourquoi tant de prévoyance sur certaines choses et si peu sur d'autres plus importantes ? Cette espèce d'inerte fatalisme ne pourrait être excusée que s'il y avait certitude complète que toute précaution est impossible. Une pareille certitude existe-t-elle ? Quelqu'un affirmera-t-il qu'on ne puisse rien faire de plus pour assurer le bon marché des denrées alimentaires ? Y a-t-on seulement réfléchi avec maturité ? Où sont les recherches, les mémoires, les projets, les débats qu'une matière si grave devait inspirer ? Il n'y a rien ou presque rien. On se lève, on s'agite quand l'orage gronde, pas une heure plus tôt. »

Depuis que cet article a paru, de nombreuses études ont été faites sur ce sujet. C'est surtout depuis l'établissement du gouvernement républicain, qui a mis à l'ordre du jour dans le pays, la presse et les assemblées délibérantes, les questions d'améliorations positives et immédiates, que celles-ci ont été mûrement examinées. Comme l'a fait remarquer un publiciste de notre ville, s'il a été prouvé que l'organisation de la prévoyance sociale ne pouvait s'accomplir que progressivement, on a vu aussi que bien des améliorations sont dès aujourd'hui applicables, et qu'il serait facile à une administration éclairée et dévouée à la cause du peuple d'introduire dans nos institutions de larges réformes, acceptées dejà par tous les esprits loyaux. Cependant rien n'a encore été fait.

A Bordeaux, en particulier, plusieurs commissions ont été successivement chargées de rechercher quelles seraient les mesures administratives à prendre pour diminuer le prix des substances alimentaires.

Ces commissions ont passé des mois et des années à entendre les nombreux intéressés, à discuter les diverses questions qui se rattachent à cet objet. Elles ont résumé leurs travaux dans des rapports étendus, mais inefficaces, que l'on s'est jusqu'ici borné à méditer, et qui n'ont encore été suivis d'aucun changement. Ces ajournements indéfinis sont peu faits sans doute pour encourager les citoyens animés du désir de défendre les intérêts populaires. Elle ne doit pas d'ailleurs être un motif d'abstention pour quiconque a, comme nous, foi dans un meilleur avenir. C'est pourquoi nous venons apporter notre part contributive aux études commencées, bien persuadé que celles-ci ne demeureront pas toujours stériles et qu'elles feront entrer, avant peu, dans la voie des réformes économiques.

Après avoir, dans une première notice, recherché les changements qui devraient être apportés dans le commerce de la boulangerie pour assurer en tout temps au peuple le pain au meilleur marché possible, nous allons maintenant examiner ce qu'il y aurait à faire dans le commerce de la boucherie pour lui procurer à bas prix la viande, qui est également indispensable à la conservation de sa santé et au développement de ses forces. Les considérations que nous nous proposons d'exposer porteront d'abord sur la production et l'engraissement des bestiaux, ensuite sur leur abattage et la vente des viandes qui en proviennent.

1° *Des approvisionnements de bestiaux.*

Les principaux bestiaux qui alimentent le commerce de la boucherie sont ceux des espèces bovine et ovine, et ceux de l'espèce porc.

Chacune de ces espèces présente diverses variétés.

Les qualités des viandes varient avec les espèces et les variétés qui les fournissent; elles dépendent de la constitution de l'animal, ainsi que de la qualité des pâturages dans lesquels celui-ci a été engraissé. — En général, l'espèce qui a la poitrine ronde et la croupe large, la tête et les pieds petits, donne une chair plus fine, plus serrée et plus nourrissante; dans une même espèce, les bestiaux de haute taille, et ceux engraissés dans des prairies à herbes fines ou salées, donnent des viandes supérieures.

Les viandes varient aussi de qualité dans les individus appartenant à la même variété, et on a remarqué que dans chaque variété ce sont les sujets les plus gros qui ont la meilleure chair.

Enfin, dans un même individu, la viande est plus ou moins fine, suivant les différentes parties du corps de l'animal dont elle provient.

Il convient, dans tous les cas, de ne livrer à la boucherie que des bestiaux bien sains; on reconnaît ceux-ci à ce qu'ils ont l'œil vif, la peau sans pustules, la démarche aisée, la gueule, les oreilles et les narines chaudes.

— Les bestiaux de l'espèce bovine qu'emploie la boucherie sont les bœufs, les vaches et les veaux.

Le bœuf fournit une chair succulente, la plus substentielle de toutes et qui donne le bouillon le plus fortifiant.

Les bœufs de la Gironde servent successivement à la culture des champs et à l'alimentation. Pour être propres à la culture des terres et au transport des produits du sol, cet animal doit avoir la taille élevée, la charpente forte, la croupe peu charnue, les jambes plates et les pieds durs. Pour convenir à l'engraissement, il doit avoir une poitrine large et profonde, afin d'être apte à grossir ainsi qu'à créer beaucoup de chair, de graisse et de suif.

Des trois variétés de bœufs que possède le département, la variété garonnaise est la plus propre à l'engraissement, et celle bazadaise au travail des champs. Sous le rapport de l'ordre de bonté, quant à la qualité de la viande, on les classe généralement ainsi : on met au premier rang la variété garonnaise, au second la variété landaise, et au troisième celle bazadaise.

Le poids sur pied de ces trois variétés de bœufs varie de 300 à 600 kilog., la moyenne est de 450 kilog., tandis que pour la France cette moyenne n'est que de 413 kilog. Cette différence montre le mérite des races du département.

— Les vaches de la Gironde sont les unes destinées à la reproduction de l'espèce et à la fourniture du lait, les autres à la reproduction et à la culture des terres.

Les vaches de travail sont celles mêmes du pays; c'est surtout dans les landes qu'on les emploie à cet usage; on s'en sert jusqu'à l'âge de huit ou neuf ans, puis on les engraisse et on les envoie à la boucherie.

Les vaches laitières sont d'espèces bretonne, suisse ou gâtinaise. Les vaches bretonnes, consommant peu, sont multipliées dans les landes; tandis que les vaches suisses sont très-répandues aux environs de Bordeaux.

Le poids des vaches du département varie de 200 à 400 kilog., la moyenne est de 300 kilog.; tandis que cette moyenne pour la France entière est de 240 kil.

Les viandes que fournissent les vaches sont bonnes et comparables à celle du bœuf, quand elles proviennent d'une génisse saine et bien engraissée; mais celles que donnent les vaches laitières, épuisées et maladives, telles qu'on en envoie le plus ordinairement à la boucherie, sont peu salubres [1].

— Les veaux sont employés à l'alimentation, à la reproduction et à la culture. Ceux qu'on destine à la boucherie sont nourris au lait pendant trente à quarante jours; ceux qu'on veut élever tètent d'abord leur mère jusqu'à six semaines, ils sont ensuite nourris jusqu'à l'âge de trois à quatre mois au lait mêlé

---

[1] Rapport de M. Boulay de la Meurthe sur l'organisation du commerce de la boucherie à Paris.

d'eau et de farine, puis ils sont assez forts pour aller paître avec le troupeau. Les veaux qui doivent servir à la reproduction doivent être choisis parmi les sujets les plus beaux de l'espèce; ceux destinés au labour doivent être pris parmi les plus hauts et les plus forts, et être châtrés vers dix-huit mois à deux ans.

Le poids des veaux de la Gironde varie de 75 à 80 kilog.; tandis que, pour la France entière, il est moyennement de 48 kilog.

Les veaux âgés de moins de six semaines donnent une viande indigeste qui n'est qu'un suc gluant et visqueux, contenant très-peu de fibrine, substance essentiellement nutritive et encore moins d'osmazôme, principe excitant des organes digestifs. C'est donc avec raison que les règlements défendent de livrer à la boucherie des sujets de cet âge. Les veaux nourris artificiellement jusqu'à trois mois, avec un mélange de lait et d'autres substances, fournissent au contraire une chair blanche et tendre, d'un goût excellent, qui est considérée, à juste titre, comme une viande de luxe. Plus âgés, ils ne doivent plus être employés à l'alimentation, car ils donnent une chair coriace et insipide.

— Les bestiaux de l'espèce ovine qui sont employés par la boucherie sont les brebis, les agneaux et les moutons. Ils sont précieux à l'homme en ce qu'ils trouvent à vivre dans des terrains stériles où ne pourraient prospérer les bestiaux de l'espèce bovine.

Les brebis servent à la reproduction et à la fourniture du lait jusqu'à l'âge de sept à huit ans, alors on les engraisse et on les livre au boucher; mais elles ne donnent jamais qu'une chair molasse et insipide.

Parmi les agneaux, les plus faibles sont à l'âge de trente jours menés à la tuerie, tandis que les plus vigoureux et les plus gros sont conservés pour servir, soit à la reproduction, soit à la tonte et à l'alimentation. Les moutons provenant d'agneaux qu'on a soumis à la castration fournissent, à l'âge de trois ou quatre ans, une viande qui est la plus succulente, la meilleure de toutes celles communes, et qui convient merveilleusement aux tempéraments affaiblis.

L'éducation des bêtes à laine du département de la Gironde a principalement lieu dans les landes et dans le Médoc. Les moutons des landes provenant d'une race indigène dégénérée, et élevés dans des pacages dont la qualité varie considérablement suivant les différentes saisons de l'année, sont en général chétifs, de petite taille et de chair peu délicate; ils ne pèsent pas au delà de 26 kilog. Les moutons du Médoc, au contraire, qui proviennent d'une race supérieure à celle des landes, d'ailleurs améliorée par les croisements, et qui paissent des pâturages excellents dont l'herbe est rafraîchie et savourée par les brouillards de la mer, acquièrent généralement une belle taille et donnent une chair très-estimée. Leur poids s'élève à 30 kilog.

— Les porcs sont, de tous les animaux domestiques, ceux qui offrent le plus d'avantages en ce qu'ils sont nourris par une grande quantité de substances qui resteraient perdues, et qu'il n'est aucune des parties de leur corps qui ne puisse servir à l'alimentation. Ces animaux sont engraissés à un an et livrés à la boucherie à l'âge de seize à dix-huit mois; leur chair se vend au même taux que celle du bœuf; leur lard se vend au double; le sang, les boyaux, les pieds, la langue, se préparent et se mangent. La viande de porc, avec les assaisonnements qui l'accompagnent d'ordinaire, est d'ailleurs une viande lourde, impuissante à donner un bouillon aussi substantiel que celui du bœuf, et qui est irritante et malsaine quand on en fait sa nourriture habituelle [1].

Le poids moyen des porcs qui sont élevés dans la Gironde est d'environ 105 kilog.; tandis que le poids moyen, pour la France entière, est de 91 kilog.

— La richesse du département, en bestiaux des diverses espèces ci-dessus énumérées, ne nous est pas connue au delà de l'année 1840.

A cette époque, la population du département étant de 565,600 habitants, on y comptait :

	En totalité.	*Par 1,000 habitants.*	
Taureaux........	2,169	4	
Bœufs..........	36,556	65	
Vaches.........	51,661	91	200 têtes d'espèc. bovines.
Veaux..........	22,496	40	
Béliers.........	7,929	14	
Brebis.........	273,682	484	
Agneaux........	83,825	148	741 têtes d'espèc. ovines.
Moutons........	53,821	95	
Porcs..........	64,000	113	
		1,054	

<hr>

[1] Rapport de M. Boulay de la Meurthe.

Dans la même année, la population de la France continentale étant de 33,333,000 habitants, elle possédait :

	En totalité.	*Par 1,000 habitants.*	
Taureaux........	394,166	12	
Bœufs..........	1,950,702	58	
Vaches..........	5,481,026	165	296 têtes d'espèc. bovines.
Veaux..........	2,057,156	61	
Béliers..........	564,160	17	
Brebis..........	14,638,257	439	
Agneaux........	7,230,412	217	956 têtes d'espèc. ovines.
Moutons........	9,431,418	283	
Porcs..........	4,852,824	145	

1,397

Ces résultats, extraits de la Statistique agricole de la France, montrent qu'en 1840 le département de la Gironde était, pour la quantité spécifique des bestiaux possédés, beaucoup au-dessous de la moyenne de la France; car on y comptait environ $\frac{1}{3}$ moins de têtes de bétail de l'espèce bovine, et $\frac{1}{8}$ moins de têtes des espèces mouton et porc. De ces résultats, qui ne doivent pas avoir beaucoup changé depuis, on conclut que le département a encore de grands progrès à faire sous le rapport de l'élevage des bestiaux.

Si nous comparons maintenant ce qu'a été la consommation des bestiaux faite dans la même année 1840, nous trouvons qu'alors le département de la Gironde consommait :

15

	En totalité.	*Par 1,000 habitants.*	
Bœufs	12,935	22 87	
Vaches	5,422	9 76	112 33
Veaux	45,078	79 70	
Moutons	86,575	173 06	
Brebis	16,597	29 34	304 83
Agneaux	69,247	122 43	
Porcs	90,913	160 73	

578

Les poids moyens de l'animal sur pied et de la viande fournie étaient d'ailleurs les suivants :

	Poids brut.	*Poids en viande.*
Bœuf	475 k	285 k.
Vache	260	156
Veau	82	49
Mouton	28	17
Brebis	18	11
Agneau	8	5
Porc	106	85

La consommation de la viande était conséquemment de 29 kilog. 14 par habitants; savoir :

Bœuf	6 k.52	
Vache	1 52	
Veau	3 90	
Mouton	2 60	29 k. 14
Brebis	0 33	
Agneau	0 61	
Porc	13 66	

Dans la même année, la consommation en bestiaux de la France continentale était la suivante :

16

	En totalité.	*Par 1,000 habitants.*	
Bœufs..........	487,681	14 63	
Vaches.........	715,429	21 46	110 38
Veaux.........	2,486,454 .....,..	74 59	
Moutons........	3,399,781 ....•.	102 00	
Brebis........ ..	1,324,149	39 72	172 12
Agneaux........	1,013,338	30 40	
Porcs......	3,924,760 ....'..	117 74	
			400 24

Les poids moyens de l'animal sur pied et de la viande
fournie étaient ceux portés au tableau ci-dessous :

	Poids brut.	*Poids net.*
Bœuf...................	417 k.................. ...	250 k.
Vache......	240	 144
Veau................	48	 29
Mouton............	28	 17
Brebis............... ...	22	 13
Agneau........	10	 6
Porc....................	93	 74

La consommation de la viande était, par suite, de
20 kilog. par habitant; savoir :

Bœuf........,...•....................	3 k.66	
Vache..............................	3 10	
Veau...................................	2 16	
Mouton..................................	1 73	20 k. 06
Brebis..............................	0 52	
Agneau............................	0 18	
Porc...............................	8 71	

Il suit de là que la consommation spécifique de la
Gironde, soit en têtes de bétail, soit en kilogrammes
de viande, était plus forte que celle de la moyenne de

la France d'environ 0,45, et qu'on y mangeait notamment beaucoup plus de bœuf. Cette consommation reste d'ailleurs bien plus faible que celle de beaucoup d'autres départements, et entre autres que celle du département de la Dordogne qui s'élève à 35 kilog. par habitant, et cette infériorité de la Gironde, par rapport aux moyens de subsistances, est une cause de son infériorité industrielle et intellectuelle; car il est prouvé que les pays où, toutes choses égales d'ailleurs, on se nourrit le mieux, sont aussi ceux où il y a le plus d'industrie et d'instruction répandues.

La comparaison des quantités de bestiaux consommés en 1840, avec les quantités de bestiaux possédés et mis à l'engrais dans la même année, montre que la production de la Gironde était alors bien loin d'équivaloir à sa consommation. On estime qu'il faut encore tirer annuellement des départements limitrophes environ :

8,000 Bœufs que l'on fait venir du haut de la Garonne, des bords de la Charente et du Périgord ;

30,000 Moutons qui sont fournis par la Saintonge et le Poitou ;

30,000 Porcs que l'on tire de l'Angoumois, du Périgord et du Limousin.

Si nous rapprochons enfin la consommation actuelle de la ville de Bordeaux en particulier avec celle de la ville de Paris, nous voyons qu'à Bordeaux les quantités totales et spécifiques de bestiaux abattus sont les suivantes :

	Consommation totale.	*Consommation spécifique.*	
Bœufs...............	8,000	64	
Vaches...........	2,000	16	
Veaux............	15,000	120	1,000
Moutons..........	50,000	400	
Agneaux..........	30,000	240	
Porcs.............	20,000	160	

Ces quantités spécifiques de bestiaux, étant multipliées par les poids des viandes moyennement fournies par chacun d'eux, donnent pour la consommation de viande par mille habitants et par habitant :

	Consommation par 1,000 habitants.			*Consommation par habitant.*	
Bœuf........	64 $\times$ 330 k.=	21,120 k............	21 k.12	
Vache.......	16 $\times$ 215 =	3,440	3	44
Veau........	120 $\times$ 60 =	7,200	7	20
Mouton.....	400 $\times$ 20 =	8,000	8	00
Agneau......	240 $\times$ 5 =	1,200	1	20
Porc........	160 $\times$ 85 =	13,600	13	60
		54,560 k.	54 k.56	

A Paris, pour une population de 1,000,000 d'âmes, les consommations correspondantes en têtes de bétail et poids de viandes sont :

	Consommation totale en têtes de bétail.	Consommation totale en poids de viande.		Consommation de viande par habitants
Bœufs...	80,000 ...	80,000 $\times$ 345 k.=	27,600,000 k...	27 k.60
Vaches...	20,000 ...	20,000 $\times$ 221 =	4,420,000 ...	4 42
Veaux....	84,000 ...	84,000 $\times$ 69 =	5,796,000 ...	5 79
Moutons.	500,000 ...	500,000 $\times$ 20 =	10,000,000 ...	10 00
Porcs....	90,000 ...	90,000 $\times$ 85 =	7,650,000 ...	7 65
	774,000		55,466,000 k.	55 k.46

On peut observer que la viande qui provient des bestiaux abattus à Paris et à Bordeaux n'est pas toute employée à la consommation de leurs habitants, que l'abord fréquent des voyageurs, ainsi que des habitants des communes rurales voisines, concourrent à enfler les chiffres ci-dessus. A Bordeaux, en particulier, une partie de la viande faite est fournie aux marins de notre flotte nationale par l'hôtel des subsistances de la marine; une autre est destinée à la consommation des navires du commerce qui fréquentent ce port, y séjournent et s'y approvisionnent à leur départ, et ces divers éléments peuvent être estimés équivaloir à environ 2 kilog. par habitant. Faisant d'ailleurs abstraction de ces circonstances qui peuvent se compenser, nous dirons que la consommation en viande de l'habitant de Bordeaux est à peu près la même en poids que celle de l'habitant de Paris, mais qu'elle lui est inférieure en qualité, puisqu'il y entre beaucoup moins de bœuf et de mouton, et beaucoup plus de porc.

Après avoir ainsi très-succinctement exposé les principaux points qui se rapportent à la production et à la consommation, dans la Gironde, des bestiaux propres à la boucherie, nous allons examiner les diverses mesures qui ont été prises pour garantir l'approvisionnement des principaux centres de population, et assurer la vente au meilleur marché possible des animaux qu'on y amène.

Dans nos contrées où, suivant un rapport fait au Conseil général en 1847, la culture des terres est abandonnée à des colons peu fortunés qui sont peu portés à garder l'élève produit par leurs troupeaux, on se hâte de livrer au boucher des sujets, lorsque, âgés de deux à trois ans, ils n'ont presque encore rien coûté; à peine y conserve-t-on jusqu'à un an le taureau nécessaire à la reproduction ; il en résulte que les étables se dépeuplent, que les bœufs pour le travail enchérissent annuellement, et par suite le prix de la viande faite sur l'étal de nos bouchers.

Les primes données aux bovillons de belles venues, aux taureaux âgés de deux à trois ans, ont pour but de prévenir ce danger, ainsi que d'engager les cultivateurs à garder plus longtemps leurs produits.

Ces primes, en excitant chez ceux-ci une véritable émulation, ont certainement un bon effet; elles en auraient davantage encore si on y joignait la défense de vendre aux bouchers les sujets primés, et si elles étaient plus multipliées et plus importantes.

Alors même que l'on y consacrerait beaucoup plus de fonds, elles ne suffiraient pas encore; et tant que l'on n'aura pas pris des mesures plus efficaces pour augmenter le nombre des bestiaux en France, ils y seront toujours rares et chers. Deux moyens se présentent pour atteindre ce but : l'un consiste à permettre l'importation avec franchise de droits des bestiaux maigres de l'étranger; celui-ci a été demandé depuis longtemps par les éleveurs du Bas-Médoc; mais il priverait l'agriculteur français des bénéfices de l'éducation, ainsi que des fumiers qui en seraient résultés et dont nous manquons; l'autre consiste à augmenter, par la création de canaux d'irrigation, la quantité de terres consacrées à la culture des prairies artificielles ou aux pâturages. Ce dernier moyen devant accroître l'élevage des bestiaux, augmenter la quantité des fumiers, et amener à faire produire aux terres plus de blé, aurait d'immenses avantages sur le premier; il exigerait d'ailleurs pour son exécution un certain temps, pendant lequel il conviendrait de mettre celui-ci en pratique.

L'engraissement des bestiaux dans la Gironde a long-temps eu lieu par deux modes différents :

1° A l'étable;

2° A l'étable et dans les pâturages simultanément.

Depuis que les tourteaux d'huile, employés dans l'engraissement à l'étable, sont enlevés par les Anglais, on a dû renoncer au premier mode, qui était cependant le meilleur.

Cet engraissement est encouragé au moyen du concours nouvellement établi à Bordeaux, et dans lequel on distribue pour environ 6,000 fr. de primes aux sujets les plus beaux.

Les éleveurs étaient encore portés à perfectionner leurs produits par l'établissement de l'ancien droit d'octroi, lequel étant perçu par tête, faisait rechercher les gros bœufs par les bouchers. Sous ce rapport, la conversion du droit par tête de bétail en droit sur le poids des animaux a eu des effets fâcheux; nous verrons plus loin si cette mesure a du moins réalisé les avantages qu'on s'en promettait.

L'approvisionnement en bestiaux des principales

villes de France, contrarié par les droits d'entrée et autres établis très-anciennement dans ces villes, fut dès les temps les plus reculés garanti :

1° Par l'institution pour la vente du bétail de foires dites *grasses*, sur des points déterminés, où la marchandise se concentre et où, par la réunion de tous les vendeurs en présence de tous les acheteurs, il s'établit des prix sincères et modérés [1];

2° Par la défense qui fut faite à toute manière de gens, de quelque état et qualité, d'acheter aucun bétail venant en les villes et banlieues d'icelles, à une certaine distance près desdites villes, d'un côté ou d'autre, sous peine de perdition de ladite marchandise et d'être punis d'amendes arbitraires;

3° Par la création, dans ces derniers marchés, de commissionnaires ou jurés qui pussent avancer aux forains le prix de leurs marchandises, et mettre ceux-ci en état de partir sur-le-champ et de continuer leur commerce sans interruption. Pour éviter que le monopole ne s'établît au profit de quelques-uns de ces commissionnaires, ainsi que pour empêcher qu'ils en pratiquassent une usure excessive au grand préjudice des boucheries et de l'approvisionnement, on soumit lesdits commissionnaires à des garanties, on leur imposa un cautionnement; on leur interdit d'être marchands en même temps que vendeurs; enfin, on fixa leurs droits et on leur donna un caractère public.

---

[1] Rapport de M. Boulay (de la Meurthe) sur l'organisation du commerce de la boucherie à Paris.

Voici maintenant ce qui concerne l'approvisionnement de la ville de Bordeaux en particulier : les bestiaux ont à payer, à leur entrée, le droit d'octroi établi au profit de la ville et celui d'abattage créé au profit
des propriétaires de l'abattoir. Rendus sur les marchés,
ces bestiaux doivent encore un droit de plaçage que
l'on perçoit en faveur de la ville.

Ces deux derniers droits se paient par tête et sont
fixés; savoir :

	Droit de plaçage.	*Droit d'abattage.*
Bœuf............	1ᶠ »ᶜ	4ᶠ »ᶜ
Vache............	» 60	3 »
Veau............	» 25	1 »
Mouton.........	» 15	0 50
Porc............	» »	1 70

Tous les bestiaux introduits dans le rayon de l'octroi doivent être déclarés et le droit versé ou cau-
tionné. La consignation et le cautionnement sont, y
compris les taxes additionnelles d'abattage :

Pour un bœuf...............................	40ᶠ
— une vache............................	30
— un mouton............................	4
— un agneau, chevreau ou cochon de lait........	1
— un veau............................	15
— un porc............................	15

Les sommes consignées sont restituées et les cau-
tions déchargées, si les bestiaux ne font que traverser
la ville en passe-de-bout ou transit. Ceux qui sont destinés à la consommation locale paient la taxe établie

par le tarif, suivant le poids qui est constaté par le pesage. Il est fait raison après cette consignation, entre la ville et le contribuable, de la différence qui peut exister entre le droit résultant du poids et la somme consignée.

La consignation à déposer aux portes de la ville est défavorable à l'approvisionnement des marchés en ce qu'elle empêche souvent l'éleveur d'y venir vendre lui-même. Dans le cas où l'octroi serait maintenu, on pourrait rendre cette consignation inutile en décidant que le marché des bestiaux aurait lieu hors de la ville, à La Bastide par exemple, et en faisant prendre à l'octroi note des bestiaux qui seraient introduits par les bouchers pour être conduits à l'abattoir, où des décharges en seraient données.

Les droits d'entrée sur le bétail dans la ville de Bordeaux, autrefois désignés sous le nom de *droit du pied fourchu*, furent jusqu'en 1789 fixés ainsi :

Un bœuf devait payer	20 liv.
Une vache —	12
Un mouton —	20 sols.
Un porc —	7 liv.

Quant aux veaux, ils étaient pesés vivants par les bouchers en présence des commis des fermiers; et, sur chaque livre pesant 40 onces, on prenait 2 sols 6 deniers. Supprimés en 1791, ainsi que tous ceux de même nature, ces droits furent rétablis en l'an VIII, et perçus jusqu'en 1847 sur les bases suivantes :

Un bœuf paya................................... 25f «c
Une vache.................................... 21 »
Un veau..................................... 7 »
Un mouton.................................. 1 85
Un agneau.............................. .,......... » 60
Un porc..................................... 7 »

Les droits d'octroi, ainsi établis par tête de bétail, avaient l'avantage de rendre la perception très-facile et de favoriser l'entrée des gros bœufs dont la qualité est supérieure à celle des petits; mais on lui reprochait d'exclure les petits bœufs des marchés, de faire que ceux-ci fussent moins bien approvisionnés, et par suite d'enchérir le prix des bestiaux qu'on y amenait.

En 1846, dans le but d'obvier à cet inconvénient, on décida de substituer le droit au poids à celui par tête. Une loi du 10 mai de cette année ordonna qu'à partir du 1er janvier suivant les droits d'octroi sur les bestiaux de toute espèce seraient établis en raison du poids dés animaux, et perçus au kilog. dans toutes les communes pour lesquelles la taxe sur les bœufs dépassait 8 fr. Cette même loi établit d'ailleurs que la conversion du droit par tête en droit au poids ne devra jamais donner lieu à aucune augmentation du produit alors perçu. Peu après sa promulgation, le conseil municipal de Bordeaux se fit rendre compte du poids moyen des bestiaux sur pied, et il régla ainsi la taxe qui, à partir du 1er janvier 1847, dut être payée par 100 kilog. de ce poids :

Le droit pour les bœufs, taureaux, vaches, moutons, brebis, agneaux, boucs, chèvres et chevreaux, fut fixé à 5 fr. 50 c.;

Celui pour les veaux, genisses, porcs, pourceaux, truies, sangliers, cochons de lait et marcassins, à 8 fr. 25 cent. ;

Le droit pour la viande fraîche provenant d'animaux abattus au dehors, 8 fr. 75 c. ;

Celui pour la viande salée, etc., 10 fr. 50 c.

Voilà quels ont été, en 1847 et 1848, les résultats de ce changement de tarif :

1° L'application de la nouvelle taxe n'a point fait, ainsi qu'on l'espérait, affluer sur les marchés une plus grande quantité de bestiaux de petite taille, et la moyenne des poids des bestiaux abattus n'a pas sensiblement diminué ; mais elle a fait payer pour les bestiaux amenés un plus fort droit qu'auparavant, et elle a ainsi contribué à la diminution du nombre de sujets de boucherie, dont les prix, contrairement aux prévisions, ont été tenus aussi haut que possible ;

2° L'excédant des sommes qu'ont, dans ces deux années, payées les éleveurs, s'est monté à raison de 6 fr. par bœuf et de 1 fr. 50 c. par veau au chiffre total de 145,000 fr. dont, contrairement à la loi, la ville a profité au détriment des consommateurs. Les justes plaintes auxquelles a donné lieu cet excédant ont fait, en janvier 1849, apporter dans le nouveau tarif une réduction d'un cinquième. Le droit de 5 fr. 50 c. a donc été abaissé à 4 fr. 40 c., et celui de 8 fr. 25 c. à 6 50 c. ; mais à ce taux ils sont encore trop élevés. Il est d'ailleurs évident qu'une nouvelle modification dans ce sens ne suffirait pas en ce moment, et que, dans l'intérêt des classes pauvres, c'est l'abolition absolue de tous droits d'octroi qu'il faut se résoudre à prononcer; car, eomme l'a dit M. Léon Faucher, en renchérissant les prix des aliments les plus essentiels, ils leur rendent matériellement la vie difficile, et sont la cause des misères qui les affligent.

Les marchés pour les bestiaux destinés à la consommation de la ville de Bordeaux ont lieu, savoir : les marchés de bœufs, veaux et moutons, trois fois par semaine, sur la place des Capucins; ceux de porcs, une fois par semaine, dans la rue Pont-Long.

Les bouchers et les charcutiers achètent sur lesdits marchés le bétail au poids, et les usages de la place leur accordent un terme de quinze jours pour les payements. La difficulté pour les éleveurs et marchands de faire le recouvrement des prix de vente rend d'ailleurs pour eux indispensable l'entremise de commissaires ou de courtiers qui, moyennant un certain droit de commission, leur font l'avance de la consignation des droits d'entrée, ainsi que celle du prix des bestiaux vendus. Mais ces commissaires et courtiers représentant, pour la plupart du temps, les marchands qui ne paraissent point et demeurant dès lors maîtres de faire arriver sur les marchés les quantités de bestiaux qui leur conviennent, opérant d'ailleurs les ventes sans publicité, vendant au poids et réglant ces poids avec les bouchers et charcutiers; ils exercent un monopole sans contrôle, qui est nuisible à la fois à l'éleveur et au consommateur, qui est contraire au développement de l'engraissement, et qui contribue fortement dans tous les cas à l'enchérissement de la viande. On a demandé depuis longtemps que les éleveurs ou marchands puissent débattre le prix de leurs bestiaux avec les bouchers ou charcutiers, sans l'intermédiaire des commissaires et courtiers. On le pourrait, il me semble, en imitant l'organisation du 8 vendémiaire an XI pour la boucherie de Paris, et en créant pour le commerce de la boucherie et charcuterie de Bordeaux une caisse chargée de payer comptant, sans déplacements, aux herbagers et marchands forains, le prix des bestiaux vendus.

On objectera sans doute que déjà, dans un temps qui remonte à une vingtaine d'années, les bouchers formèrent entre eux une semblable caisse qui ne put se soutenir. Cela vint d'ailleurs uniquement de ce que les administrateurs de cette caisse se trouvant vis-à-vis de collègues, ils laissèrent à plusieurs petits bouchers des facilités dont ceux-ci abusèrent. Or, la caisse que nous proposons serait organisée par la municipalité; elle n'aurait pas les mêmes ménagements à garder, et elle offrirait de toutes autres garanties. Le fonds de cette caisse serait formé du montant des cautionnements que l'on imposerait aux bouchers et charcutiers; plus des sommes provenant d'une commission de 3 p. 100 qui serait à la charge des marchands forains et herbagers, et serait retenue sur leurs payements; plus, enfin, des sommes que la municipalité jugerait indispensable d'y ajouter pour le bon fonctionnement de ladite caisse. Des crédits seraient accordés aux bouchers, d'après l'avis des syndics, et équivalents au moins au montant des cautionnements, et quand le crédit d'un boucher deviendrait insuffisant pour couvrir le prix de ses achats, ledit boucher serait tenu de verser à la caisse, marché tenant, le complément du prix des bestiaux qu'il aurait achetés. Les sommes payées par la caisse seraient remboursables dans la quinzaine et rapporteraient l'intérêt légal.

2° *Du commerce de la boucherie.*

L'antiquité la plus reculée fournit nombre d'exemples de l'attention des magistrats pour tout ce qui a rapport à la vente et la distribution des viandes nécessaires à l'alimentation de l'homme, et de la surveillance qui fut exercée à cet égard dans l'intérêt de la santé publique, ainsi que du bien-être du peuple.

Dès le moyen âge, aussitôt que les communes eurent joui d'une certaine franchise, elles se sont occupées du commerce de la boucherie qui ne pouvait, sans danger, être livrée aux chances d'une liberté illimitée, et elles le soumirent à des règlements de police établis pour le plus grand avantage des populations.

Un certain nombre de familles fut chargé d'acheter des bestiaux, d'en avoir toujours une provision suffisante pour assurer la subsistance du peuple, et d'en débiter les viandes au fur et à mesure des besoins. Ces familles furent érigées en corporations, auxquelles on accorda de nombreux priviléges, et qui furent dirigées par des chefs électifs ayant mission de faire exécuter les règlements.

D'après ces règlements, aucun boucher ne pouvait

être reçu s'il n'avait justifié de sa moralité, d'un apprentissage et d'une connaissance suffisante de cet état, et s'il n'avait baillé caution par-devant les maire et jurats de bien et fidèlement s'acquitter de sa charge. Il ne pouvait abandonner sa profession sans une permission expresse desdits magistrats.

Les lieux où les boucheries, les étaux et les tueries devaient s'ouvrir étaient soigneusement désignés, afin d'être placés dans de certaines conditions de commodité et de salubrité. Les conditions d'exploitation et notamment d'abattage étaient rigoureusement déterminées dans le même but.

Les bouchers étaient tenus de faire directement leurs acquisitions de bestiaux sur les marchés autorisés, sans pouvoir aller au-devant pour en acheter et en arrher. Ils ne pouvaient avoir chacun qu'un seul étal, et devaient le tenir toujours suffisamment garni de viandes ni trop nouvelles, ni trop vieilles, provenant de bestiaux sains, convenablement abattus, et non pas morts ou étouffés. La vente de ces viandes devait se faire au poids et non à l'œil, à des prix fixes ou variables, suivant les localités.

Ces principes généraux du commerce de la boucherie, dans les temps anciens et dans les grands centres de population, sont extraits de l'ouvrage de M. Ch. Bisset, sur la *Boucherie de Paris*. Ce sont ceux qui étaient aussi suivis à Bordeaux avant la révolution de 1789.

Alors le corps des bouchers de cette ville se composait d'un petit nombre de maîtres, lesquels étaient dirigés par huit bayles, nommés chaque année parmi eux, et chargés de faire garder, entretenir et observer les règlements. Les bestiaux étaient abattus dans quatre tueries situées dans la ville, et les viandes débitées au poids, d'après une taxe qui était fixée par la magistrature, avec les précautions convenables, en tenant compte du prix du bétail et des frais d'exploitation.

Il était, à cette époque, défendu aux bouchers, à peine de 1,000 fr. d'amende, de vendre la viande au-dessus de la taxe, ainsi que de la vendre sans un surpoids qui ne pouvait excéder 2 onces $\frac{1}{2}$ par livre carnassière de 40 onces. Ils ne pouvaient employer pour surpoids, ni foie, ni ventre, ni jambe au-dessous du jarret, ni autres parties défendues par les règlements, non plus que donner du surpoids de bœuf sur une pesée de veau ou de mouton.

Il était aussi défendu à toutes personnes, de quelque qualité et condition qu'elles fussent, d'acheter la viande sans surpoids et au-dessus de la taxe, à peine de confiscation de ladite viande et d'amendes telles que de droit, desquelles amendes les maîtres étaient responsables pour leurs domestiques.

Il était encore enjoint aux bouchers de faire une répartition égale des viandes de surpoids entre tous les acheteurs, ensorte que les égards qu'ils auraient pour certaines personnes ne tournassent au préjudice du menu peuple, sur lequel ledit surpoids serait rejeté, s'il n'en était donné à chacun une quotité proportionnée à la quantité de viande qu'il achète.

Nous voyons, dans une ordonnance de la municipalité, sous la date du 18 avril 1758, que, nonobstant ces inhibitions et défenses, faites avec tant de soin et de prévoyance, les bouchers trouvaient cependant moyen d'excéder les prix fixés par la magistrature, en ne donnant à la taxe que la viande la plus sèche et la moins délicate, et en mettant un nouvel impôt sur la sensualité du riche qui achetait à un haut prix, et sans surpoids, la viande la plus délicate et de la meilleure qualité, tandis que le pauvre, exténué par la vie laborieuse qu'il mène, et qui aurait besoin pour se substanter que le peu de viande que ses facultés lui permettent d'acheter, fût d'une bonne qualité, n'avait que le rebut du riche et que les parties les moins succulentes de la viande, celles même qui n'auraient dû être employées qu'en surpoids.

Pour empêcher la continuation d'un abus aussi criant, on jugea utile à cette époque de sévir avec la dernière rigueur contre les délinquants. On augmenta alors, dans une forte proportion, les amendes imposées à ceux qui vendaient et achetaient au-dessus de la taxe et sans surpoids. On défendit de plus aux bouchers de tenir de la viande dans leurs maisons et de la vendre ailleurs que dans leurs étaux, qui devaient n'avoir aucune communication intérieure avec leurs habitations, à peine de confiscation desdites viandes et de 500 liv. d'amende. On leur défendit encore de porter eux-mêmes et de faire porter par leurs garçons la viande dans les maisons religieuses et autres qui se fournissent à eux, à peine de confiscation et de 50 liv. d'amende.

Après le décret de l'Assemblée nationale, qui abolit

les maîtrises et jurandes, le commerce des bestiaux et de la boucherie devint entièrement libre à Bordeaux, comme dans le reste de la France, et les mêmes désordres qu'on remarqua à Paris s'ensuivirent également ici. Le nombre des bouchers augmenta considérablement, et la concurrence qu'ils se firent entre eux rendit leur position très-difficile. Le peu d'affaires auxquelles ils furent réduits, les grands frais qu'ils eurent relativement à supporter, les obligèrent à rechercher les bestiaux les plus mauvais et les moins chers, ainsi qu'à augmenter le prix des viandes qu'ils débitèrent. L'industrie des éleveurs des environs souffrit par suite un grand préjudice, et les habitants de Bordeaux durent payer plus cher une viande qui était moins bonne et moins saine.

Ces funestes effets, partout observés, firent comprendre, vers 1803, la nécessité de reconstituer le commerce de la boucherie sur ses anciennes bases; alors la ville de Bordeaux remit en vigueur ses anciens règlements; elle décida que le nombre des bouchers, qui était alors de cent, ne serait point dépassé, et elle les divisa en deux classes : dont soixante-quinze de la première, au cautionnement de 1,200 fr., et vingt-cinq de la seconde, au cautionnement de 800 fr. Elle arrêta, en outre, que la viande serait de nouveau vendue à la taxe.

Mais cette taxe, encore exclusivement assise, sur le poids de la viande, avec réjouissance, contraria les habitudes que les gros consommateurs avaient prises sous le régime de liberté, d'acheter la viande sans os; inexactement graduée, et faisant payer les basses viandes un prix excessif, comparativement aux viandes supérieures, elle mécontenta aussi le peuple; de là mille difficultés qui, se joignant aux intrigues des bouchers, firent plusieurs fois, dans l'intervalle de 1803 à 1833, abandonner temporairement la taxe, à laquelle on trouvait cependant peu après utile de revenir. En 1833, ces résistances l'emportèrent enfin sur la vigilance des magistrats, et depuis lors, les bouchers fixent comme il leur convient le prix des morceaux qui leur sont demandés et qu'ils distribuent à leur gré.

Dans l'état actuel des choses, le nombre des bouchers de Bordeaux n'est plus limité, et il est loisible à chacun d'entreprendre ce commerce en payant patente et en se soumettant aux règlements sur la qualité et la pesée des viandes.

On compte aujourd'hui, dans cette ville, cent bouchers, dont soixante bouchers réguliers qui tuent et débitent, et quarante bouchers dits à la cheville, qui ne tuent point et se contentent de débiter les viandes qu'ils achètent aux abattoirs.

Ces bouchers tiennent le nomdre d'étaux qui leur convient. Ils ne sont pas assujettis à avoir ces étaux constamment approvisionnés, et ne sont plus abstreints, comme autrefois, à faire leurs acquisitions exclusivement au marché de cette ville, mais peuvent aller acheter le bétail aux différents marchés du département.

Les bouchers de la banlieue peuvent introduire en

ville de la viande dépecée, en payant le droit d'entrée plus haut énoncé; les difficultés qu'on leur oppose font d'ailleurs qu'ils usent peu de cette faculté.

Les bestiaux destinés à la consommation de la ville, au lieu d'être tués dans des abattoirs particuliers, disséminés dans les différents quartiers, doivent aujourd'hui être tous conduits dans l'abattoir public élevé en 1832 dans le quartier de Paludate. Par ce changement, on a non-seulement délivré la ville du spectacle repoussant du travail des tueries particulières, et des dangers que celles-ci offraient à la sûrete et à la salubrité publiques, mais on a rendu la surveillance plus facile et augmenté les garanties de la qualité des viandes qui sont débitées. On a eu, du reste, beaucoup de peine à amener les bouchers de Bordeaux à adopter cette modification dans leurs habitudes.

L'abattoir public a été construit, par une Compagnie d'actionnaires, sur les terrains de l'ancien Fort-Louis, donnés par la ville, et situés à proximité du marché des Capucins, moyennant la concession, pendant trente années, des droits d'abattage et autres à percevoir sur un tarif fixé par la mairie. Cette perception se fait aux portes de la ville par les employés de l'octroi, moyennant la retenue d'un dixième au profit de la ville.

Cet abattoir se compose de dix-huit corps de bâtiments qui sont disposés sur trois côtés d'un vaste carré, et qui sont employés, savoir : quatre aux tueries, quatre aux bouveries et bergeries, quatre aux triperies, deux aux fontes des suifs, deux à la préparation des cuirs, et deux à des logements et magasins. Le service exige journellement une quantité de 2,000 hectolitres d'eau, qu'une pompe, mue par un cheval, tire d'un puits, élève à une hauteur de 7 à 8 mètres du sol, et déverse dans un grand bassin d'où elle est distribuée, par quatre orifices à soupapes, dans les diverses parties de l'établissement.

Les bestiaux amenés dans les bouveries de l'abattoir en sont tirés au fur et à mesure des besoins, et abattus dans les tueries ou échaudoirs par les garçons bouchers et leurs aides; puis ils sont saignés, soufflés, dépouillés de leur peau et de leurs organes intérieurs, enfin dépecés.

La saignée des bestiaux est une opération qui doit être faite avec beaucoup de soin pour avoir des viandes appétissantes, de couleur rouge clair pour le bœuf, blanche pour le veau; et c'est à ce que cette saignée est généralement mieux faite à la ville qu'à la campagne, que sont dues, en partie, les différences que l'on observe entre les viandes de ces deux sortes de localités.

Les divers bestiaux abattus se divisent en viande nette et en déchets qui se composent du cuir, du suif et des issues. Les cuirs sont préparés par des lavages à l'eau salée et vendus par les bouchers aux tanneurs.

Les suifs en branches sont vendus à des fondeurs et traités par ceux-ci dans des fondoirs établis en ville, contrairement au règlement de l'abattoir, qui veut que cette fonte se fasse dans l'établissement.

Les issues, comprenant la tête, les pieds, la langue,

les abats rouges et blancs, sont achetées par les tripiers à des prix déterminés et préparées par eux pour la vente. Un tripier prend ordinairement les issues provenant des bestiaux abattus par cinq à six bouchers.

Il résulte des moyennes de plusieurs années, à l'abattoir de Bordeaux, que les poids des viandes et ceux des déchets fournis par les bestiaux abattus, sont environ comme suit :

Les bœufs rendent, suivant leur qualité, de 50 à 60 p. 100 de leur poids en viande, et de 50 à 40 p. 100 en déchets.

Les veaux rendent généralement 60 p. 100 de viande, et 40 p. 100 de déchets.

Les moutons donnent communément 50 p. 100 de viande, et 50 p. 100 de déchets.

Les viandes provenant des bestiaux abattus et dépecés sont conduites, pendant la nuit, de l'abattoir à l'étal des bouchers dans des voitures conduites par des voituriers au compte des bouchers, et moyennant un prix de 1 fr. 50 c. par bœuf, 1 fr. par vache, 25 c. par veau, 05 c. par mouton.

A l'étal, les viandes sont séparées en diverses parties qu'on détaille en morceaux à la demande des consommateurs. La vente s'en fait au poids et sans réjouissance; mais à des prix qui sont depuis longtemps laissés à la discrétion des bouchers, et qui sont en ce moment hors de proportion avec les prix des bestiaux.

Par suite de la dépréciation de toutes choses, qui a

été la conséquence des événements de février 1848,
et par l'effet de l'augmentation de la valeur de l'argent,
née de la difficulté de se procurer des espèces, il est
en effet survenu, sur les différents marchés de France,
dans le prix des bestiaux, une baisse qui n'a pas été
moindre d'un cinquième à un sixième, et qui partout
aurait dû en amener une correspondance dans le prix
de la viande; tandis qu'à Bordeaux, ainsi que dans plusieurs autres villes, celle-ci est restée au même prix. La
comparaison snivante de l'état actuel des boucheries
de différentes villes de France, avec celui des boucheries de Bordeaux, fera au reste bien voir les vices de
celles-ci, en même temps qu'elle prouvera combien
l'organisation de ce commerce laisse généralement à
désirer.

A Paris, où la viande n'est point taxée, mais où le
nombre des bouchers et celui des étaux sont limités,
et où les mercuriales du prix des bestiaux sont exactement publiées, le prix des bœufs étant descendu de
700 fr. à 560 fr. en 1848; le prix du kilog. de viande, qui se vend avec surpoids, a diminué de 15 à
20 c. Il est actuellement, dans les premières qualités
des bestiaux,

pour le bœuf.......... $0^f\,75^c$ et $1^f\,15^c$

—   veau......... 1 20 et 1 40

—   mouton....... 0 90 et 1 30

L'explication d'une telle diminution, au moment même où le rétablissement des droits d'octroi momen-
tanément suspendus devait tendre à faire, au contraire,
renchérir cette denrée, a été donnée ainsi par la com-

mission municipale : les commissionnaires ont fait lourdement peser sur les éleveurs de la Vendée les difficultés de se procurer des écus, ceux-ci ont alors consenti à une énorme diminution, tant ils avaient hâte de convertir en argent tout ce qui était produit meuble. Les commissionnaires sont ainsi arrivés sur le marché de Poissy avec des produits achetés à bon compte, dont ils ont disposé de même tout en faisant d'excellentes affaires. De leur côté, les bouchers de Paris, qui achetaient à bien meilleur marché, ont dû revendre aussi à meilleur marché, et eux aussi, même en vendant à prix réduits, ont très-probablement fait de meilleures affaires. La commission municipale a, de plus, reconnu que le grand nombre d'étaux accordés, sur le marché de Paris, aux nombreux marchands forains, avaient dû contribuer aussi à faire obtenir plus vite cette baisse dans le prix de la viande.

A Marseille, le nombre des bouchers est illimité. Les bouchers de la banlieue peuvent introduire toute espèce de viande dépecée, et ils usent de cette faculté ; mais sans qu'il en résulte une grande concurrence. Le prix de détail de cette denrée, laissé à la discrétion des bouchers, varie suivant les besoins de la population et sans que l'on ait aucun égard au prix de revient ; aussi, quoique le prix des bestiaux sur le marché d'Aix, qui alimente seul Marseille, ait présenté, en 1849, une différence en moins d'environ 10 et 15 p. 100 sur ceux de 1847, le prix de la viande n'y a pas varié ; il est toujours de 1 fr. 30 c. à 1 fr. 50 c. pour le bœuf, 2 fr. 25 c. pour le veau,

1 fr. 50 c. pour le mouton, ces viandes se vendant avec surpoids [1].

[1] Depuis la rédaction de cette partie de notre travail, nous avons lu, dans le *Courrier de Nantes* du 14 décembre 1849, l'arrêté suivant au sujet du prix de la viande dans cette ville :

Police pour le prix de la viande. Le maire de la ville de Nantes, vu la diminution survenue dans le prix des bestiaux, arrête ce qui suit :

Art. 1er. Le prix de la viande de première qualité est fixé comme suit, à partir du samedi 15 décembre 1849 :

Le kilogramme de bœuf............................	0f	95c
— de veau..............................	0	90
— de mouton........................	1	»
Pour les trois espèces............................	»	95

Art. 2. Les bouchers ne pourront mêler, dans la pesée des trois espèces de viandes de première qualité, des jarrets, des os décharnés, ni ce qu'on appelle vulgairement de la *réjouie.*

Art. 3. Les consommateurs ont le droit, en payant le prix fixé, de n'acheter qu'une seule espèce de viande, et même de faire peser séparément chacune des espèces qu'ils voudront acheter.

Art. 4. Il est expressément défendu aux bouchers d'exiger des consommateurs, *sous quelque prétexte que ce soit,* des prix plus élevés que ceux fixés ci-dessus.

Art. 5. Les consommateurs qui auraient des plaintes à former sur quelques contraventions à ces articles, sont invités à les adresser à la mairie, qui leur fera rendre justice, sans préjudice des poursuites encourues par les contrevenants.

Art. 6. Il est enjoint aux bouchers de se munir d'un exemplaire de la présente ordonnance et de le tenir affiché dans le lieu le plus apparent de la boucherie.

Art. 7. M. le Commissaire central et MM. les Commissaires de police sont chargés de l'exécution de la présente ordonnance, de recueillir les plaintes qui leur seront portées par les consommateurs, de les constater par procès-verbal, pour, les contrevenants, être poursuivis conformément à la loi.

Art. 8. Les mêmes fonctionnaires sont requis de faire fréquemment vérifier les poids et balances des bouchers, et de faire peser les viandes déjà livrées sous un poids déterminé.

— En ce moment la ville de Nantes, dans laquelle la viande nette est achetée sur pied à raison de 84 c. à 1 fr. le kilogramme, et où le droit d'octroi est de 4 fr. 65 c. les 100 kilog. de viande brute, paye donc la moyenne des trois es-

A Rochefort-sur-Mer, la valeur des bestiaux a présenté, sur l'année 1847, une baisse de 15 p. 100 en 1848, et de 10 p. 100 en 1849. On vend ici sans surpoids la viande de toute espèce au prix d'une taxe uniforme de 90 c., qui n'a pas varié depuis un grand nombre d'années, et qui, si elle est aujourd'hui trop forte pour la viande de bœuf, est, d'un autre côté, trop faible pour la viande de mouton demeurée chère sur pied. On ne se conforme pas, il est vrai, à cette taxe pour les morceaux de choix que l'on fait toujours payer 1 fr.; mais on n'y débite habituellement les basses viandes qu'au prix de 40 à 60 c. le kilog.

A Périgueux, il n'y a point de taxe; on a compté jusqu'à ce jour sur la concurrence, tant intérieure qu'extérieure, pour y régulariser le prix de la viande; c'est d'ailleurs là une espérance tout à fait illusoire, car cette dernière n'y a point diminué, malgré une baisse de 10 à 12 p. 100 dans la vente des bestiaux, et nonobstant une réduction opérée par la ville dans les droits d'octroi que les bouchers ont encore trouvé moyen de frauder en partie. A Périgueux, de même qu'à Rochefort, la viande de toute espèce est livrée

pèces de viande de première qualité le prix de 95 c., tandis qu'à Bordeaux cette moyenne ne se paye pas moins de 1 fr. 20 c. à 1 fr. 40 c.

La taxe nouvellement établie, ne faisant point de distinction entre les bonnes et les basses viandes, on a supposé, il est vrai, qu'elle s'appliquait aux unes et autres, mais cela n'est point; le bourgeois de Nantes peut, pour le prix de 95 c., obtenir celles des bonnes viandes de bœuf qui lui conviennent, tandis que l'ouvrier peut avoir les basses viandes de cette espèce au prix de 60 à 70 c. le kilogramme.

au même taux, savoir à 1 fr. le kilog. depuis comme avant la révolution de février.

A Tulles, on a des prix différents pour les différentes espèces de viandes que l'on distingue en deux qualités. Les prix sont fixés très-exactement par la mairie, chaque fois que la valeur des bestiaux change sensiblement. Aussi, cette ville se distingue-t-elle des précédentes par la modération de son tarif, qui est actuellement le suivant :

Bœuf, 1re qualité....	»f 80c		Veau, 1re qualité....	»f 70c
2e	....	» 70	2o	....	» 65
Vache, 1re qualité....	» 70		Mouton.................	» 90
2e	....	» 65	Porc...................	» 90

Nous pourrions multiplier ces citations et prouver, qu'à l'exception de Paris où une foule de mesures sont combinées pour amener la modification dans les prix de vente de la viande, il n'y a d'autres villes dans lesquelles l'abaissement du prix des bestiaux ait été suivi d'une baisse correspondante dans le prix de cette denrée, que celles qui ont adopté et fait rigoureusement exécuter le système de la taxe. Mais les exemples qui précèdent suffisent, et nous passerons de suite à l'exposé des faits relatifs à la ville de Bordeaux,

A Bordeaux, les bestiaux ont éprouvé, dans ces deux dernières années, une baisse équivalente au moins à 15 c. par kilog. de viande nette. (La commission municipale admet même que la baisse dans le prix des bestiaux n'a pas été moindre de 25 p. 100.) Cependant celle-ci n'a subi, au détail, aucune diminution, et tout ce qu'ont perdu les éleveurs n'a profité qu'aux commissionnaires et aux bouchers. On divise ici le bœuf en six qualités différentes de viandes dont les prix varient de 50 c. à 1 fr. 80 c. et 3 fr., et dont la moyenne ne peut être estimée à moins de 1 fr. 10 c. L'habitant de Bordeaux paye en ce moment cette viande, sans surpoids, à 5 c. seulement au-dessous du prix payé par l'habitant de Paris pour la même viande, malgré une différence en moins d'environ 20 c. par kilog. sur les droits d'octroi et sur l'évaluation de la matière première. Il la paye de 20 à 30 c. plus chère que les Saintongeais et les Périgourdins, quoique les droits d'entrée, par tête de bétail, n'offrent avec ceux de ces pays qu'une différence en plus de 10 fr., qui, avec celle provenant du prix de revient sur pied, est insuffisante pour donner l'explication d'un tel fait.

Au prix actuel des bestiaux, qui n'est pas d'ailleurs aussi modéré qu'il pourrait l'être, un boucher de Bordeaux, tuant moyennement par semaine deux bœufs, trois veaux et dix moutons, fait une quantité de viande nette équivalente à environ 1,000 kilog., qui lui revient, tous frais compris et déduction faite de la valeur des défalques, au prix moyen de 90 c. le kilog. Il pourrait par suite livrer cette viande, sans os, au prix moyen de 1 fr. 10 c., tout en faisant un bénéfice suffisant, tandis qu'il la vend de 1 fr. 20 c. à 1 fr. 40 c.

— Si par suite du moindre nombre de bouchers, chacun d'eux pouvait tuer un nombre double de bestiaux, il ferait alors par semaine 2,000 kil. de viande nette qui ne lui reviendrait à plus de 87 $\frac{1}{2}$, et qu'il pourrait livrer toujours sans os, au prix moyen de 1 fr. 5 c., tout en faisant de meilleures affaires.

Cet état de choses montre que, dans notre ville, la concurrence tant intérieure qu'extérieure n'est point suffisante pour amener la modération des prix, et que, pour arriver à ce résultat, il faut, ou comme à Paris, appeler d'une manière plus large la concurrence des marchands forains pour la vente en détail, ou, comme dans les villes de Tulle et de Nantes, taxer le prix de la viande d'après celui des bestiaux. Ce dernier moyen nous paraissant le plus sûr, c'est celui que nous recommanderons.

On objecte contre l'établissement d'une taxe: d'abord, que l'on serait fort embarrassé de la fixer par l'impossibilité où l'on se trouverait de savoir, d'une manière exacte, le prix des bestiaux, et que, si elle devait changer les habitudes prises d'acheter sans réjouissance, elle rencontrerait dans tous les cas les mêmes difficultés qui l'ont déjà fait repousser plusieurs fois; ensuite, qu'on ne pourrait empêcher les bouchers de mettre de côté les morceaux de choix pour les vendre de gré à gré, et que ce changement tournerait ainsi au détriment du pauvre. Premièrement, on ne voit pas pourquoi il serait plus difficile ici que dans les villes des environs de savoir exactement le cours des bestiaux aux différents marchés, alors qu'on a sur tous des employés chargés de s'assurer de l'état sanitaire des animaux qu'on y amène, et que des mercuriales pourraient, comme à Poissy, être arrêtées dans chaque marché et rendues publiques. L'organisation que nous avons indiquée plus haut d'une caisse semblable à celle de Poissy, donnerait encore de grandes facilités pour cela. Quant à la fixation de la taxe, on pourrait établir celle-ci sur les différentes qualités de viandes qu'il est possible de distinguer dans chaque espèce de bétail, en tenant un compte exact du prix des bestiaux, de leur rendement en viande nette de diverses qualités, des frais de toute nature à faire par le boucher et du bénéfice légitime à lui passer. On chercherait à rendre cette taxation également acceptable par tous, en déterminant deux prix pour chacune de ces qualités, suivant qu'elles seraient pesées avec ou sans surpoids, et en laissant toute liberté au consommateur d'acheter, suivant le mode qui lui conviendrait; on excepterait d'ailleurs de la taxe le filet mignon de bœuf qui serait considéré comme viande de luxe, et qui, étant estimé à son plus haut prix actuel, amènerait par la déduction de sa valeur à abaisser le prix des basses viandes de la même espèce. On ferait ainsi profiter le pauvre de la sensualité du riche, et on éviterait à ce sujet des violations de tarif que la vigilance des magistrats est impuissante à prévenir. L'inégale répartition des viandes communes entre les divers consommateurs serait enfin très-probablement empêchée par la remise en vigueur de la partie des anciens règlements y relative, comme les prescriptions qui concernaient les étaux et les ventes au-dessus des prix établis.

En résumé, il nous paraît que le régime de liberté illimitée, sous lequel se trouve actuellement le commerce de la boucherie de Bordeaux, a de graves inconvénients pour le public; qu'il donne lieu à de nombreux abus à son préjudice, et que le moyen de faire obtenir la viande au meilleur marché possible, serait d'apporter dans ce commerce les modifications suivantes :

1° Abolir les droits d'octroi sur les bestiaux, ce qui diminuerait d'environ 8 c. par kilog. le prix de revient de la viande nette;

2° Remplacer sur les marchés les offices de commissionnaires et courtiers par une caisse municipale analogue à celle de Poissy; d'où résulterait, dans le prix de vente des bestiaux, une modération que l'on ne peut espérer aujourd'hui;

3° Limiter le nombre des bouchers à cinquante, dont trente de première classe au cautionnement de 2,400 fr., et vingt de seconde classe au cautionnement de 1,600 fr.; auquel cas ils pourraient, en se contentant d'un moindre bénéfice par kilogramme de viande débitée, faire cependant de meilleures affaires;

4° Distinguer, pour chaque espèce de viande, quatre à six qualités, et déterminer le prix de chaque viande et chaque qualité, avec surpoids et sans surpoids, par une taxe double qui serait assise en raison du prix des bestiaux, de leur rendement en viandes nettes de diverses qualités et des frais d'exploitation; par ce mode seraient prévenues les hausses excessives dans la vente d'une denrée de première nécessité;

5° Excepter de la taxe le filet mignon de bœuf, dont la vente serait laissée à la discrétion des bouchers et devrait, dans une certaine mesure, contribuer à l'abaissement du prix des basses viandes de cette espèce. Ce moyen éviterait, sans doute, une partie des contestations et récriminations auxquelles a toujours donné lieu l'application des tarifs;

6° Laisser aux consommateurs la liberté d'acheter, avec ou sans surpoids, la viande soumise à la taxe ; mais imposer la condition expresse aux bouchers de ne pas vendre et aux consommateurs de ne pas acheter cette viande à des prix supérieurs à ceux arrêtés, afin d'empêcher les abus criants commis maintes fois en faveur des riches et au profit des bouchers.

Ici se termine la tâche que nous nous étions imposée; nous ne nous dissimulons pas que ces études pourront être trouvées fort incomplètes dans plusieurs des parties qu'elles embrassent; les personnes, qui ont eu à entreprendre de semblables travaux, savent d'ailleurs les difficultés de plus d'un genre que l'on rencontre dans la recherche des documents qui doivent en former la base. Cette considération pourra, nous l'espérons, nous faire excuser de n'avoir pas mieux traité un sujet si important et si digne de fixer l'attention de nos magistrats municipaux.

Bordeaux, le 20 novembre 1848.